Lina und das kleine rote Monster

eine Mut-mach-Geschichte für Kinder und Erwachsene

Dieses Buch ist allen Kindern und Erwachsenen gewidmet, die in der aktuellen Situation ein bisschen Mut gebrauchen können!
(Frühjahr 2020)

Danke!

Ein herzliches Dankeschön gebührt allen, die an diesem Herzensprojekt beteiligt waren und es unterstützt haben.

Alles Liebe,

Anna Oeding   und   Pia Schäfer

Bibliografische Information der Deutschen Nationalbibliothek:
Die Deutsche Nationalbibliothek verzeichnet diese Publikation in der Deutschen
Nationalbibliografie; detaillierte bibliografische Daten sind im Internet über dnb.dnb.de
abrufbar.

Herstellung und Verlag:
BoD – Books on Demand, Noderstedt

ISBN: 9-783751-917254

Lina und das kleine rote Monster

eine Mut-mach-Geschichte für Kinder und Erwachsene

geschrieben von Anna Oeding,
illustriert von Pia Schäfer

Lina saß in ihrem Zimmer auf dem Boden vor einem bodentiefen Fenster und beobachtete die Welt dort draußen. Es war ein Freitagnachmittag im März. Lina öffnete das Fenster und fing mit ihren Sommersprossen auf der Nase die warmen Frühlingssonnenstrahlen ein. Die Bäume begannen grüner zu werden und sie konnte die ersten Krokusse und Osterglocken im Garten sprießen sehen.

Lina wusste, dass in der großen Welt dort draußen etwas vor sich ging. Im Radio und im Fernsehen erzählte man von einem Virus namens Corona. Auch spürte sie, dass es Erwachsenen Angst zu machen schien. Ihre Mutter sprach immer öfter mit anderen Erwachsenen darüber und Lina beobachtete dabei den sorgenvollen Gesichtsausdruck. Ein Corona-Virus, was sollte das denn überhaupt sein?

In Linas Gedanken sah es aus wie ein kleines rotes pummeliges Monster. Es hatte drei große Kulleraugen, eine Rüsselnase und einen kleinen runden Mund. Sein Körper war mit flauschigem Fell bedeckt und die Füße glichen denen eines Elefanten.

Sie machte sich viele Gedanken über das kleine rote Monster. Ob es gefährlich für sie und ihre Familie sei? Was wäre, wenn es schon unter ihrem Bett wohnte?

Linas Mutter erklärte ihr an diesem Tag beim Abendessen, dass nun auch ihre Schule schließen musste. Hier könne man sich zu schnell anstecken. Lina stellte es sich so vor, als ob das kleine rote Monster von einem Kind zum anderen hüpfte und sich auf der Schulter eines jeden Kindes verdoppelte. Sie begriff, dass das nicht gut sein konnte. Dennoch war sie traurig. Ihre Freunde in der Schule würden ihr fehlen.

Nach dem Abendessen saß sie im Wohnzimmer auf dem Teppich und ihr Hund Rakete rollte sich in ihrem Schoß zusammen. Er schaute sie an, als ob er ihr sagen wolle: „Es wird alles gut! Wir schaffen das zusammen!" Rakete kannte Lina schon ihr ganzes Leben lang. Lina war 8 und Rakete schon 10 Jahre alt.

Als Linas Mutter sie an diesem Abend ins Bett brachte, erklärte sie Lina viel über die nächste Zeit, in der viele Dinge nicht mehr selbstverständlich sein würden. Lina fragte viel über das kleine rote Monster und ihre Mutter beantwortete unermüdlich alle Fragen so gut sie konnte. Irgendwann schlief Lina in den Armen ihrer Mutter ein. Rakete lag in seinem Körbchen vor ihrem Bett und man hörte ihn leise im Schlaf bellen. Die Mutter flüsterte leise: „Alles wird gut! Gemeinsam schaffen wir das!" und gab Lina einen Kuss auf die Stirn.

Das folgende Wochenende wollte Lina eigentlich bei ihren Großeltern verbringen, die nur einige Straßen weiter in ihrem Dorf wohnten. Sie hatte sich schon sehr darauf gefreut. Liebend gern saß sie bei ihrem Opa auf dem Schoß und lauschte seinen spannenden Geschichten von früher. Ihre Oma machte den weltbesten Schokoladenkuchen und Lina konnte ihn beim Gedanken daran schmecken. Lina durfte aber nicht zu ihren Großeltern. Das kleine rote Monster war sehr gefährlich für ältere Menschen. Die Wut auf das kleine rote Monster wurde immer größer in Linas Bauch. Jetzt nahm es ihr nicht nur ihre Freunde in der Schule, sondern auch noch ihre Großeltern weg. Sie war wütend und traurig zugleich.

Rakete kam angetrottet und stupste sie mit seiner feuchten Hundenase an. Das konnte Lina ein wenig beruhigen und sie kraulte Rakete hinter dem Ohr, was er sichtlich genoss.

Linas Mutter arbeitete von nun an aus dem Arbeitszimmer zu Hause. Auch sie sollte aus Vorsicht vor dem kleinen roten Monster nicht mehr in das Büro fahren. So konnte sie bei Lina zu Hause bleiben.

In den folgenden Tagen und Wochen verbrachte Lina viel Zeit mit Rakete und ihrer Mutter.

Morgens erledigte Lina ihre Aufgaben für die Schule.
Sie telefonierte immer wieder mit ihrem Lehrer.
Manchmal schickte er auch ein Video, um den Kindern Dinge zu erklären.

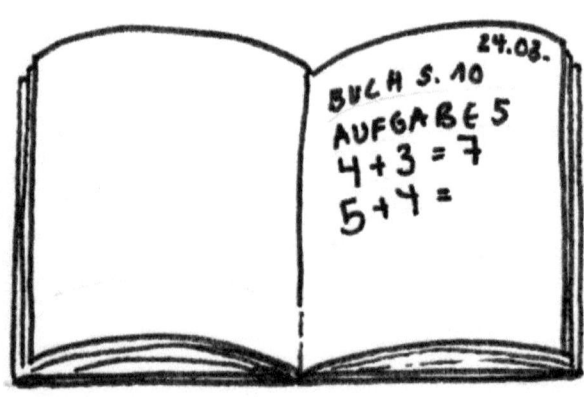

Lina und Rakete tobten im Garten.

Im Garten konnte man dem Frühling zusehen, wie er sich immer mehr ausbreitete.

Sie baute Sandburgen und backte Hundeknochen aus Sand, die Rakete nicht zu mögen schien. Er bevorzugte seine Kauknochen und Leckerlis.

Mit ihrer Mutter und Rakete machte sie jeden Nachmittag einen langen Spaziergang. Was ein Glück, dass man Oma und Opa noch von weitem zuwinken konnte. Die beiden kamen immer ans Fenster und freuten sich sehr über den Besuch, wenn auch nur mit Sicherheitsabstand. Lina wollte auf jeden Fall verhindern, dass das kleine rote Monster zu ihren Großeltern hinüberhüpfte oder sich unter der Haustür durchzwängte.

Abends telefonierte Lina dann oft per Video mit Freunden oder mit ihren Großeltern.

Ihrer Freundin Emely ging es zwischenzeitlich nicht gut. Das kleine rote Monster hatte sich auf ihre Schulter gesetzt und war erst nach zwei Wochen wieder verschwunden. Lina telefonierte in dieser Zeit viel mit Emely, malte ihr Bilder und warf sie ihr in den Briefkasten. Emely erzählte, dass das kleine rote Monster wahrscheinlich durch ihren Mund oder ihre Nase in ihren Körper geklettert sei. Für sie hätte es sich wie eine starke Erkältung angefühlt. Lina war sehr froh, als es ihr wieder besser ging.

Lina baute in ihrem Zimmer menschenhohe Türme oder Hindernisse für Rakete aus Lego.

An lauen Frühlingsabenden grillten sie im Garten und es blieb immer ein kleines Stückchen von Linas Würstchen für Rakete übrig.

An Tagen, an denen das Wetter nicht so schön war, zog sich Lina in ihre Leseecke zurück und kuschelte mit Rakete, während sie in die Welt der Bücher eintauchte.

Sie malte einen großen Regenbogen auf ein Blatt Papier und hing es in das Küchenfenster. Andere Kinder hatten das auch schon gemacht und sie liebte es, auf den Spaziergängen die Regenbogen zu entdecken und zu zählen.

Immer wieder kauften Lina und ihre Mutter für ihre Großeltern und andere Nachbarn ein, die wegen des kleinen roten Monsters nicht mehr aus dem Haus gehen sollten, damit es sie nicht erwischen konnte.

Was ein Glück hatte das kleine rote Monster den Osterhasen nicht erwischt und sich in sein Fell gesetzt. Lina suchte mit großer Freude an einem Sonntag im April viele Ostereier im Garten. Rakete war nur bei einem leider schneller gewesen und ließ es sich unter dem Gartentisch genüsslich schmecken. Gut, dass der Osterhase nur echte Ostereier und keine Schokoladeneier in Hundereichweite versteckt hatte.

Lina und ihre Mutter stellten nachmittags und am Wochenende viele lustige und auch alberne Dinge an. Man konnte fast meinen, ihre Mutter hätte ihr inneres Kind wiederentdeckt.

Sie machten Kissenschlachten.

Sie spielten Fangen und mit dem Ball in der Wohnung. Das war eigentlich gar nicht erlaubt.

Ihre Mutter wickelte Lina mit Klopapier zu einer Mumie ein.

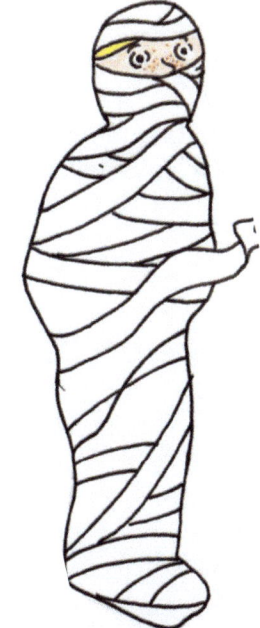

Sie spielten Kartenspiele.

Beim Kochen hörten sie laute Musik und tanzten durch die Küche.

Sie kuschelten sich mit Popcorn und Chips auf das Sofa und schauten einen spannenden Film.

Sie brachten Rakete gemeinsam neue Tricks bei.

Jeden Abend nach der Gute-Nacht-Geschichte küsste Linas Mutter sie auf die Stirn und sagte: „Alles wird gut! Gemeinsam schaffen wir das!"

Plötzlich funktionierten auch die Schulaufgaben mit weniger Streit als sonst. Lina verstand, dass sie ihrer Mutter und ihrem Lehrer von zu Hause aus helfen musste. In der Zeit, in der Linas Mutter arbeitete, erledigte Lina die Aufgaben für die Schule. Sogar freiwillig und ihre Mutter war sehr stolz auf sie.

Ich bin wirklich sehr stolz auf dich!

Sie pflanzten eine Sonnenblume im Garten ein, die Lina von ihrem Zimmerfenster gut sehen konnte. Jeden Morgen, wenn Lina erwachte, galt ihr erster Blick der Sonnenblume im Garten. Sie wuchs und wuchs und streckte ihren Kopf in Richtung der Sonne am Himmel.

Jeden Tag goss Lina sie mit ihrer kleinen blauen Gießkanne. Bald schon war die Sonnenblume größer als Rakete und dann auch größer als Lina.

Es wurde immer wärmer. Lina und ihre Mutter saßen öfter abends draußen am Gartentisch und genossen dort ihr Abendessen. Rakete tollte durch den Garten, warf immer wieder seinen Ball und rollte sich brummend durch das Gras.

Eines lauen Sommerabends hörten sie Stimmen auf der Straße. Als Lina und ihre Mutter die Tür öffneten, trauten sie ihren Augen kaum. Die Nachbarn tanzten auf der Straße. Ein Mann spielte Gitarre und ein anderer sang. Das war doch gar nicht erlaubt. Waren die Leute verrückt geworden?! Sie konnten dem kleinen roten Monster doch nicht so eine Chance liefern, um von Schulter zu Schulter zu springen! Doch die Leute fielen sich in die Arme, sie lachten und weinten zugleich.

Eine Nachbarin kam zu den beiden herüber und sagte: „Habt ihr es noch nicht gehört? Das Virus ist eingedämmt!" Linas Mutter nahm Lina hoch in ihre Arme und tanzte mit ihr zur Musik über die Straße. Rakete hüpfte hinter den beiden her.

Die Menschen auf der Straße feierten bis tief in die Nacht ein Fest!

In Linas Gedanken saß der Anführer der kleinen roten Monster nun in einem silbernen Käfig mit einem dicken Vorhängeschloss davor. Man musste jedoch weiterhin ein bisschen vorsichtiger sein, als vor der Ankunft des kleinen roten Monsters. Manche von ihnen waren noch in der Welt unterwegs.

Dennoch waren die Menschen überglücklich, sich wieder persönlich begegnen zu können. Manch einer wusste dies nun auch viel mehr zu schätzen. Es waren Freundschaften gewachsen und Familienbande verstärkt worden. Das war wohl ebenso ein bisschen dem kleinen roten Monster zu verdanken.

Am nächsten Morgen kitzelten die Sonnenstrahlen, die durch den Vorhang auf Linas Nase fielen, sie wach. Sie stand auf und ging in den Garten. Mit ihrer kleinen blauen Gießkanne goss sie die Sonnenblume, blickte an ihr hoch und flüsterte:

„Mama und Rakete hatten recht.

Alles ist wieder gut!

Wir haben es gemeinsam geschafft!"